AF253961

NOS VAINQUEURS

Qu'est devenue cette candide et rêveuse Allemagne que, depuis le célèbre livre de Mme de Staël, il était de mode, chez nos littérateurs et nos philosophes, de nous peindre sous de si poétiques couleurs, qu'on nous disait tout entière vouée aux œuvres de l'imagination et de l'esprit, tantôt absorbée dans les abstractions de sa philosophie nuageuse ou scrutant patiemment les arcanes de la science ; tantôt s'en allant à deux errer au bord de ses beaux fleuves, une fleur de *wergiss-mein-nicht* à la main, l'œil perdu dans l'azur, et chantant quelque doux *lied* de Schubert, de Schumann ou de Mozart ! La blonde rêveuse s'est révélée tout à coup Mégère altérée de sang ; le canon Krupp et le fusil Dreyse ont remplacé, dans sa main, le bleu *wergiss-mein-nicht* ; ses amoureux *lieder* sont des chants de guerre et de mort, et ce sont nos fleuves qui la voient, non plus promener ses tendres rêveries, mais couvrir leurs rivages de ruines et rougir leurs eaux de sang français !

Gretchen elle-même, ce type légendaire de grâce naïve, de charme pudique, de douceur, la sentimentale Gretchen n'est plus qu'une harpie cruelle et cupide, qui, dans ses lettres d'amour, soupire après le bombardement et le pillage de Paris, et recommande tendrement à son bien-aimé de voler à son intention, dans quelque boutique de bijoutier, « une paire de boucles d'oreilles en souvenir de la guerre ! [1] »

[1] Lettre signée Marguerite Schneider et trouvée sur le corps du soldat Jean Dietrich, tué sous Paris.

Ce peuple de philosophes, de poètes et de savants; ces pédants psychologues, idéologues, anthropologues, archéologues, ethnologues et pédagogues, se sont transformés du jour au lendemain en une horde sanguinaire et pillarde. Ces rêveurs se sont montrés, soudain, positifs, nets et froids comme un chiffre. Ces paisibles universités étaient des camps, ces académies débonnaires, autant de casernes intellectuelles, d'arsenaux où se tramait de longue main et sourdement, comme un complot, une formidable invasion. Pendant que s'aiguisaient les baïonnettes et les épées, que se fabriquaient par millions les fusils à aiguille et se fondaient par milliers les canons Krupp, historiens, ethnologues et philosophes écrivaient leurs livres, prononçaient leurs discours, où ils démontraient fort savamment l'excellence de la noble race germanique sur toutes les autres, l'infériorité géniale de la race franco-latine, son irrémédiable décadence et son prochain asservissement à la grande Allemagne, future dominatrice du monde. Inutile d'ajouter que fusils, canons, livres, discours, étaient surtout prussiens. C'est la Prusse qui a ourdi le complot, avec la persévérante patience d'une rancune longtemps couvée, avec une puissance de moyens égale à sa haineuse envie. C'est la Prusse qui, au nom de la science, de l'histoire, de l'ethnologie, revendique pour l'Allemagne cette prééminence nouvelle, et a pris la tête du mouvement national.

Or, n'en déplaise aux savants docteurs de Berlin, de Tubingue et de Gœttingue, il se trouve que la Prusse proprement dite n'est pas *allemande !* L'histoire et l'ethnologie qu'ils invoquent, avec ce luxe de science dont ils ont seuls le secret, démontrent précisément que les éléments primordiaux constituant le peuple borusse, les ancêtres des Prussiens modernes, étaient surtout finnois-mogols et en partie slaves, mais nullement germaniques. M. de Bismark lui-même, ce hautain revendicateur de la « grande patrie allemande », descendrait d'un chef de tribu slave. Et, à y regarder de près, n'y a-t-il pas en effet dans ce caractère prussien, si cauteleux et si dur, quelque chose de l'astuce et de la cruauté orientales ? Ces sanglants excès, cette rapine effrénée, qui depuis six mois désolent la France et épouvantent le monde civilisé, ne rappellent-ils pas les exploits des hordes mogoles d'Attila et de Gen-gis-khan, pères ethnologiques de Guillaume et de ses hobereaux ? — Toutefois Attila avait encore quelque chose d'humain dans le cœur et consentait à se laisser fléchir. La bergère Geneviève préserva Paris de ses fureurs, l'évêque Aignan protégea Orléans contre le pillage de ses bandes, et le pape Léon, par sa seule parole, l'arrêtant aux portes de Mantoue, sauva Rome, et du même coup peut-être la civilisation et la chrétienté. Attila n'était qu'un barbare ignorant. Son fils et successeur Guillaume est un barbare frotté de sanscrit, de philologie, de psychologie, d'idéologie ; verni d'exégèse ; hégélien, fichtien, kantiste, schellingien ; expert dans les arcanes « du moi et du non-moi », « du relatif et de l'absolu », de « l'identité des contraires », toutes choses inconnues du simple et ignorant roi des Huns ; — un barbare enfin, savant et lettré, le pire des barbares. Aussi, voyez la différence ! Ce Paris qu'Attila avait épargné, Guillaume le bombarde ; cette ville d'Orléans à côté de laquelle le barbare illettré a passé sans la livrer au pillage, le barbare civilisé la crible d'obus et l'écrase de millions d'impôt, pillage en bloc méthodique et savant. Mantoue et Rome, qui échappèrent aux excès de l'ignorant, assez faible pour céder, lui, le farouche païen, aux prières d'un pape, — le philosophe ne demanderait pas mieux que de les bombarder à leur tour et de les réquisitionner un peu, et les supplications d'un Pie IX ne pourraient rien sur son cœur bronzé par la psychologie et l'ethnologie. Une autre Geneviève, armée de son inoffensive quenouille, aurait surgi pour défendre Paris : les modernes Huns l'auraient fusillée comme n'appartenant pas à « un corps régulier. » Attila respecta saint Aignan : le neveu de Guillaume vient de condamner à la prison, n'osant sans doute le condamner à mort, son successeur, l'héroïque et glorieux évêque patriote Dupanloup, coupable d'avoir osé plaider la cause de ses malheureux diocésains, ruinés par les exactions journalières d'un impitoyable ennemi.

Barbare pour barbare, je préfère Attila. Chez lui, du moins, la cruauté n'était qu'intermittente ; à jeun, et, dans certains moments, les bons côtés du cœur pouvaient prendre le dessus ; il se montrait, à ses heures, accessible à la pitié. Rien de pareil chez ses

successeurs : Guillaume, Bismark, de Moltke, cela n'a plus rien
d'humain, c'est une impersonnalité, un système, une théorie scientifique, rigide, froide, impassible, inexorable. Stratégie, manœuvres
d'armées, discipline, réquisitions, pillage, incendies, fusillades,
bombardement: ils ont réduit la guerre, et quelle guerre ! en théorè-
mes géométriques, combinés, réglés, d'une inflexible précision. Du
fond de son cabinet, un vieux mathématicien à face d'eunuque, au visage glabre et osseux, penché, le compas à la main, sur une carte topo-
graphique, fait mouvoir à la minute, par le télégraphe, à cinquante,
cent, deux cents lieues de distance, un million d'hommes, colossal
automate dont il joue à sa guise, dont il tire les fils (j'allais dire les
ficelles), suivant ses combinaisons de géomètre. Et cela marche, va,
vient, tue, pille, fusille, bombarde, comme ferait une machine
savamment montée. C'en est une en effet, et la plus formidable machine de ruine et de mort que le monde ait jamais vue, formidable
par le nombre, par son armement, le plus perfectionné et le plus meur-
trier qui figura jusqu'ici sur un champ de bataille; formidable par
la savante combinaison de ses rouages et son merveilleux organisme.

C'est contre ce lourd, pédantesque, mais puissant automatisme
qu'est venue se briser, hélas! l'héroïque *furie française*, tout
étourdie de ses défaites successives, si nouvelles pour elle, si désas-
treuses pour nous! C'est le triomphe de la mécanique sur l'âme
humaine. La machine prussienne-allemande, elle ne se pique pas
d'héroïsme (une machine ne saurait être héroïque), ni de valeur
chevaleresque. Chez elle, tout est méthode, ruse, calcul. Le soldat
allemand se cache, se met à l'affût derrière un arbre, un mur, une
pierre, un fossé ; se creuse des trous, se terre, comme un lapin ; se
couche à plat ventre et restera là un jour entier, immobile, inerte, invisible, guettant de l'œil, seule partie de sa machinale personne qui
vive et remue. A la fois loup et renard, il marche surtout la nuit, sans
bruit, en silence, sous le discret et obscur couvert des forêts, sur-
prend son adversaire toujours imprudent et inattentif, le fusille de
loin sans se découvrir et, toujours invisible et à l'abri de ses coups,
le foudroie de son artillerie à longue portée. Il arrivera ainsi, de
bois en bois, de Berlin jusqu'à Paris ; et, comme il semble que la
fortune et la nature prennent à tâche d'aider de concert au succès

de ses calculs, il se trouvera que, tout à l'entour de Paris, un cercle quasi ininterrompu de bois et de forêts lui offrira en abondance, pour assiéger la grande capitale, ces impénétrables tanières si chères à ses habitudes de fauve. Aussi ai-je entendu plus d'un défenseur de Paris déclarer, après cinq mois de siége, qu'il n'avait jamais réussi à apercevoir le visage d'un soldat prussien !

Tactique à la fois de ruse et de calcul, savante et sauvage, d'ingénieur et de Peau-Rouge, de piéges, d'embuscades, rarement de batailles rangées, en rase campagne, à poitrine découverte ;—tactique de Mohicans polytechniciens.

Ce ne sont pas ces Bas-de-Cuir psychologues qui commettront jamais ces sublimes folies qui s'appellent la charge des cuirassiers de Reischoffen, ou la charge, non moins héroïque, à la baïonnette, des Zouaves pontificaux à la bataille de Patay. Ces choses-là font hausser les épaules aux stratégistes calculateurs berlinois. Mais d'où vient que les victoires prussiennes, si méthodiquement gagnées, laissent froid comme un problème d'algèbre correctement résolu, tandis que l'héroïque défaite d'un Mac-Mahon ou d'un Chanzy émeut et passionne ? Cela ne viendrait-il pas de ce que, d'un côté, on ne voit que le jeu savant d'une machine, et que, de l'autre, on sent l'homme ?

Les voyageurs ont remarqué que dans certaines langues sauvages il n'existe aucun mot équivalant à celui d'*honneur*. On peut dire que la langue allemande, pourtant la plus riche de l'Europe, présente la même lacune. Tout au moins l'honneur prussien ne ressemble-t-il pas plus à l'honneur français, que la valeur prussienne à la valeur française. Il ne s'est peut-être pas livré un seul combat sous Paris, sans que se soit produit cet incident caractéristique : quand la mêlée devenait trop chaude et le danger trop pressant, on voyait le premier rang des soldats allemands lever la crosse en l'air et demander à se rendre ; puis, quand les nôtres sans défiance approchaient pour recevoir les prisonniers, le deuxième et le troisième rang ennemi les fusillaient à bout portant. Exaspérés de cette félonie qui, tant de fois renouvelée, trompait toujours leur trop généreuse pitié, nos soldats se ruaient furieux sur ces traîtres et ne faisaient plus de quartier. Le 2 décembre, à Epinay, la terrible

hache d'abordage de nos marins fit ainsi un effrayant massacre de
Bavarois, car les alliés des Prussiens leur empruntent volontiers
leurs procédés et se sont montrés leurs dignes rivaux. Le 29 no-
vembre, au combat de l'Hay, prélude des deux grandes batailles sur
la Marne, un détachement allemand arbore le drapeau blanc.
L'officier français, un capitaine, si je ne me trompe, d'un bataillon
de braves mobiles bretons du Finistère, — lesquels, par paren-
thèse, comme faisaient jadis les Vendéens, quittèrent ce jour-là
leurs chaussures pour mieux courir au feu — se présente, suivi de
quelques hommes seulement, à la barricade prussienne (car,
encore une fois, les Allemands se battent toujours abrités derrière
quelque chose). L'officier allemand le déclare prisonnier, lui et sès
hommes, eux qui étaient venus, sur la foi du drapeau parlemen-
taire, convaincus que c'étaient, au contraire, les Prussiens qui vou-
laient se rendre ! Ils s'échappèrent à grand'peine, poursuivis par
une fusillade meurtrière.

Voilà les deux honneurs, et voilà les deux nations : ces seuls faits
suffisent à les caractériser. Ce qui pour nous est traîtrise et dé-
loyauté, les Prussiens l'appellent stratagème, ruse de guerre. Ruse de
guerre encore, le drapeau de la Convention de Genève arboré sur
des poudrières et des convois de munitions. Et tant d'autres faits
analogues, tel encore que M. de Moltke, au rapport d'un témoin
oculaire, assistant et présidant à l'un des combats sous Châtillon,
protégé, lui général en chef, du brassard blanc à croix rouge des
ambulances. Voilà une protection à laquelle n'auraient jamais songé
à recourir Trochu, Ducrot ou Vinoy.

———

Un autre caractère de cette guerre terrible qui la déshonorera à
jamais, ainsi que le peuple qui nous la fait, c'est ce vaste espionnage qui la prépara. — Ce sera sans doute la première fois que le
monde aura assisté à ce fait monstrueux d'un peuple se faisant l'espion d'un autre pour le mieux ruiner et égorger, s'installant chez
lui par centaines de mille, envahissant toutes les carrières, toutes
les positions, depuis la plus infime jusqu'à la plus élevée, depuis
l'égoutier et le balayeur des rues, jusqu'au banquier millionnaire.

Commis dans les administrations publiques ou privées, ouvrier de toutes professions, négociant en tous genres, propriétaire, châtelain, employé de maisons de commerce, garçon de ferme, de café ou de brasserie, domestique dans les familles, se dispersant enfin sur toute la surface du pays, s'insinuant partout, et partout accueilli en ami, en frère ; profitant de cette imprudente confiance pour noter tout, étudier tout à loisir, se rendre compte des lieux et des gens, de nos ressources publiques et privées.

La France, elle, toujours bonne, généreuse, hospitalière, et aussi, hélas ! légère, insoucieuse, ignorante, accueillait tous ces étrangers avec sa bonne grâce traditionnelle. De préférence même à ses propres nationaux, — car nous sommes ainsi faits que nous poussons jusqu'à la manie, jusqu'à la *mode*, pour tout dire, l'hospitalité en faveur de ce qui est étranger, hommes et choses, — elle les plaçait dans ses usines, dans ses chemins de fer, dans ses banques, à commencer par la Banque de France ! Si bien que, l'invasion venue, les envahisseurs se sont partout retrouvés comme chez eux. Mais comment, avec notre caractère confiant et loyal, soupçonner d'aussi perfides calculs ? Ces Allemands, d'ailleurs, étaient de si bonnes gens, si zélés, si obséquieux ! La « bonhomie allemande » n'était-elle pas passée à l'état d'axiome, quasi de proverbe ! Il subsistait bien encore, dans quelque recoin de la mémoire, un souvenir des deux invasions de 1814 et de 1815, et des excès de tout genre qui les avaient signalées. Mais la France ne sait pas haïr longtemps ; ses rancunes se fondent vite à la douce chaleur de sa bienveillance native.

Pendant que la France oubliait, la Prusse, elle, se souvenait toujours ; et de quoi ? — que sais-je ? de Louvois et de l'incendie du Palatinat, de toutes les querelles qui divisèrent jadis l'Empire et le royaume de France, d'Iéna surtout et de Napoléon entrant à Berlin (car le second empire nous fait payer le premier). Que dis-je ? au rapport d'Henri Heine, — cet Allemand si Français, qui, mieux que Wieland, mérita, par son esprit, d'être appelé le Voltaire germanique, et qui, par aversion pour ses compatriotes, qu'il avait trop appris à connaître et à apprécier, s'appelait plaisamment lui-même « Prussien libéré, » — la Prusse se souvenait, pour la venger à l'occasion, de la mort d'un certain Conrad, tué je ne sais où et je ne sais comment,

en plein XIIIe siècle, au temps de saint Louis ! Tant les haines et les
rancunes s'éternisent dans ces têtes carrées, froidement passionnées !
La double revanche de la Prusse en 1814 et en 1815, et on sait si
elle fut féroce ! ne lui suffisait pas. Elle ne tendait à rien moins
qu'à nous anéantir, à nous exterminer comme nation. Sa haineuse
jalousie ne pouvait se satisfaire à moins. Tandis que la France ou-
vrait à sa voisine sa main et sa porte, la douce, la rêveuse, la
patriarcale Allemagne aiguisait dans l'ombre un couteau.

L'imprévoyante connivence de notre gouvernement ne servit pas
peu au succès de ses projets contre nous. Qui ne se rappelle cette in-
croyable série de paroles et de faits, cette prodigieuse lettre d'un
souverain français estimant la Prusse « mal délimitée » et l'invitant
complaisamment à s'agrandir ; cette non moins prodigieuse circulaire de M. de la Valette, déclarant que tout était pour le mieux dans
la plus grande des Prusses possible ; ces théories sophistiques des
« grandes agglomérations » et des « nationalités », redoutables
machines de despotisme et de conquêtes, aux mains des forts pour
l'écrasement des faibles ; toute cette politique enfin, à la fois
sentimentale et astucieuse, dont les finasseries se trouvèrent
si inopinément déjouées par la rude main d'un homme d'Etat
audacieux et sans scrupules ? — Etrange ironie ! c'est au nom du
principe des nationalités que la Prusse qui, par ses origines, n'est
pas allemande, revendique à son profit l'unification de l'Allemagne,
et chasse de cette même Allemagne quinze millions d'Allemands de
l'archiduché d'Autriche ! De même en Italie : ce sont les Piémontais, nullement Italiens d'origine, mais Gaulois cisalpins, qui entre-
prennent, au nom du même principe des nationalités, la conquête
et l'unification de l'Italie. De part et d'autre, d'ailleurs, mêmes
procédés, même violence, même brutalité, même fourberie, même
politique sans scrupule. Victor-Emmanuel est le digne frère de
Guillaume, à la bigoterie piétiste près (on sait que le « galant
homme » ne se pique pas même de dévotion), et M. de Cavour était
déjà en 1859 un Bismark fort réussi. Les Piémontais sont les Prussiens de l'Italie, comme les Prussiens sont les Piémontais de l'Allemagne. Et, à y regarder de près, il y a dans le caractère des deux

peuples plus d'un point de ressemblance : dureté naturelle, astuce, âpreté au gain d'argent ou de territoire, remarquable aptitude aux choses de la guerre. La dynastie de Savoie et la dynastie des Hohenzollern ont été la digne personnification de leurs pays respectifs, par leur traditionnelle ambition, aussi ardente que peu scrupuleuse sur les moyens de réussir.

Autre fait non moins étrange : cette France que les ethnologues prussiens condamnent dédaigneusement à une fin prochaine, attaquent par la science et par les armes, et veulent anéantir au nom de la prééminence de la « grande Allemagne, » et comme appartenant au tronc pourri des races latines ; cette France se trouve être ethnologiquement, par les origines de son double élément franc et gaulois, beaucoup plus vraiment allemande que la Prusse ! La belle chose que la science se faisant sophisme au service d'une ambition sans frein ! — Voilà pour les « nationalités. »

Quant à cet autre fameux « principe » des « grandes agglomérations, » si pompeusement prôné par nos aveugles gouvernants, il est, hélas ! en train de se pratiquer sur la plus vaste échelle au profit des seules agglomérations italienne et prussienne, au détriment de notre pauvre France abaissée et démembrée !

Un jour, enfin, l'édifice de la haine prussienne se trouva achevé. Sur tout son vaste réseau, l'espionnage avait préparé les voies. La stratégie avait dressé le plan de l'invasion étape par étape. La topographie en avait tracé la carte, si minutieusement détaillée que tout y était prévu : routes, chemins, sentiers, villages, hameaux, maisons isolées, champ par champ, arbre par arbre ; documents plus redoutables que le canon et le fusil à aiguille, et qui ont si puissamment contribué à nos défaites qu'on a pu dire, avec toute raison, que les Prussiens nous ont vaincus moins par la supériorité de leur artillerie que par la géographie. Armés de ces cartes, multipliées par la photographie à des millions d'exemplaires, officiers, sous-officiers ou même simples soldats allemands, allaient se trouver partout comme chez eux, à ce point qu'il leur arrivera plus d'une fois de remettre dans leur chemin des gens du pays égarés !

Et cela, pendant que, chez nous, on voyait des généraux, pour entrer en campagne, acheter chez le libraire du coin une grossière carte d'école primaire à dix sous ! N'allions-nous pas voir l'armée de Mac-Mahon préparant le désastre de Sedan par ses marches et ses contre-marches, s'égarant dans l'Argonne comme elle eût fait au milieu d'une forêt inconnue de l'Afrique centrale, mettant huit jours à faire vingt-cinq lieues, demandant le chemin conduisant à un village qui se trouvait être celui-là même où elle était, — comme si elle eût pris à tâche de donner à l'ennemi le temps d'arriver pour la cerner? Et même, sous Paris, n'avons-nous pas vu certains généraux ne sachant, pour attaquer telle position, quelle route prendre, en dépit des belles cartes de notre état-major, lesquelles, il est vrai, longtemps sans rivales, sont fort dépassées et se trouvent en retard de trente années pour certaines parties de notre territoire ?

Pareil à une araignée au milieu de sa toile, longuement et savamment tissée, M. de Bismark guettait le moment où il pourrait saisir sa proie. Il la savait inattentive, non préparée ; il la savait aussi, hélas ! (pourquoi ne pas l'avouer?) irréfléchie, ignorante des ressources d'autrui et des siennes propres, infatuée d'elle-même, susceptible, prompte à se piquer et à porter la main à son épée, sans regarder à quel ennemi elle a affaire. Ignorance et défauts, sur lesquels le Machiavel prussien a su spéculer avec une habileté perfide.

Rien n'était prêt chez nous : tout était prêt chez eux. Restait une dernière et suprême habileté : nous amener à leur déclarer la guerre, cette guerre qu'ils désiraient ardemment, qu'ils avaient préparée avec un si formidable appareil, et à laquelle nous ne songions nullement la veille encore ! Cette habileté, M. de Bismark l'eut, grâce à ses machinations méphistophéliques et au fatal aveuglement de nos gouvernants. Pour en arriver là, il lui fallait des complices : il en trouva.

Démon tentateur, tour à tour, il transporta sur les Alpes le roi Victor-Emmanuel, et sur les Pyrénées l'aventurier Prim, montrant à l'un la Savoie, berceau de sa race, à reconquérir ; à l'autre, nos départements du Midi à annexer à l'Espagne. Déjà, dit-on, notre reconnaissant obligé, le roi « galant homme », prêtait une oreille complaisante aux suggestions du Méphistophélès prussien, lequel avait sans peine gagné à ses plans ce Cialdini qui avait si glorieusement, à vingt contre un, versé le sang français à Castelfidardo : le général Lamarmora, plus honnête, rappela son maître à la pudeur. Prim fut moins scrupuleux. Alors surgit soudain, comme d'une boîte à surprise — la boîte de Pandore ! cette fatale candidature Hohenzollern, qui allait déchaîner sur le monde tant de calamités ! On sait comment une politique funeste, acclamée par ses ordinaires complaisants, se hâta de tomber étourdiment dans le piége qui lui était tendu. Ces mêmes hommes, qui avaient applaudi à la paix à tout prix en 1866, alors seulement que la guerre eût été opportune, applaudissaient en 1870 à la guerre, alors que nous allions être seuls à la soutenir, et que nous n'avions que 339,000 soldats (chiffre officiel du récent plébiscite) à opposer à 1 million et demi ! Il suffisait d'avoir quelque connaissance des lieux, des hommes et des choses, pour trembler à la pensée de revers possibles et de leurs résultats, pour prévoir que la France allait s'engager là dans l'une des plus terribles aventures qu'elle eût jamais courues !

Les avertissements n'avaient cependant pas manqué. Non que nos diplomates eussent deviné quoi que ce fût de ce qui se passait autour d'eux : on sait que leur spécialité, fort opulemment rétribuée et fort justement récompensée en outre par des titres de comte, était de ne rien voir, de ne rien soupçonner des trames qui se nouaient sous leurs yeux. Mais, sans parler de la clairvoyance si étonnamment prophétique de M. Thiers qui, dix années durant, depuis cette funeste aventure d'Italie, cause première de tout le mal, ne cessa, inutile Cassandre, d'avertir le gouvernement impérial de ses fautes et d'en prédire les conséquences; — que dire de ces rapports officiels, si lumineux, si précis, si douloureusement prophétiques aussi, que M. le colonel Stoffel, notre attaché militaire à l'ambassade de France, adressait de Berlin, dès 1869, à nos gouvernants, et dans lesquels ce juge si compétent, frappé, effrayé des préparatifs militaires que la Prusse ne cessait d'accumuler en armes

et en hommes, pendant que la France s'endormait dans une insoucieuse et fatale inertie, jetait le cri d'alarme avec une si patriotique
angoisse ! — On nous a conté, d'autre part, et de source sûre, qu'un
diplomate étranger, le mieux en position d'être exactement renseigné,
avait, quelques jours avant la déclaration de guerre, représenté à l'empereur Napoléon III qu'il savait la Prusse toute prête à engager la
lutte, et disposée à mettre sur pied en deux semaines 1,400,000 soldats ! A quel homme d'Etat d'ailleurs, je dirais volontiers à quel enfant, était-il permis d'ignorer la redoutable organisation militaire
prussienne, depuis surtout que Sadowa en avait révélé les fou-
droyants effets, et que son application au reste de l'Allemagne en
avait doublé la puissance ? Ce qu'un enfant devait savoir, nos
hommes d'Etat semblaient n'en avoir pas soupçon.

Ce fut dans de telles conditions, avec la certitude d'avoir à lutter
un contre quatre, que la guerre fut déclarée, et on se rappelle au
milieu de quelles folles et délirantes acclamations ! Pour être juste
et faire la part de chacun, ajoutons qu'une partie de l'opinion pu-
blique et de la presse, aussi légère qu'ignorante, se fit la complice
et, jusqu'à un certain point, l'instigatrice du mouvement. Il est vrai
qu'un maréchal de France avait solennellement déclaré que nous
étions prêts, et si bien prêts que, dût la guerre durer un an, l'armée française n'aurait pas besoin d'un simple « bouton de guêtre ! »
Ce « bouton de guêtre » restera comme un monument de l'ineptie
humaine. En réalité, le désarroi allait être partout : nos arsenaux
étaient vides ; nos places fortes de l'Est, boulevards de notre indé-
pendance nationale, bases de nos futures opérations, n'avaient ni
munitions, ni vivres ! Metz n'avait pas un biscuit ! Supposez six
mois de vivres dans cette place d'une importance si capitale, et la
France était sauvée ! Une telle imprévoyance, entraînant la défaite
et la ruine d'un grand pays, n'est-ce pas un crime de lèse-patrie ?
L'histoire se refusera à croire à ce comble de la démence et de
l'aveuglement. Parmi ceux, en bien petit nombre, qui, plus calmes
et plus froids, se souvenant et réfléchissant, connaissant, pour
l'avoir visité, le futur champ de bataille, osaient concevoir des
inquiétudes, prévoir des difficultés, craindre la possibilité de

quelques revers pour nos armes, — à qui de nous, à Paris et sans doute ailleurs, n'est-il pas arrivé de s'entendre flétrir de l'épithète de « Prussien ? »

Un affront fait, disait-on, à notre ambassadeur fut l'étincelle qui mit le feu à la chatouilleuse susceptibilité de notre caractère national. Il ne fallait rien moins que l'égorgement de deux peuples pour laver ce manque de politesse d'un roi ivre envers un diplomate inepte. Encore paraît-il avéré que cette prétendue injure, hautement niée par l'ambassadeur et par le souverain, n'était qu'une impudente invention de ce satanique génie d'un Bismark, qui sut perfidement exploiter son mensonge dans une circulaire célèbre.

Il connaissait bien le caractère français, celui qui osait spéculer par de tels moyens sur sa légèreté, son infatuation, sa susceptibilité ombrageuse et follement chevaleresque, lui — le moins chevaleresque, le plus froidement positif, le plus astucieux des hommes.

Ce fut sur ce malentendu, sur cette ruse grossière, que la France, ou plutôt son gouvernement, aveuglé par un faux point d'honneur, se jeta tête baissée, « le cœur léger, » dans le traquenard que lui tendait le renard prussien.

M. de Bismark en était arrivé à son but : c'était la France qui déclarait la guerre à la Prusse, et l'artificieuse Prusse put se donner, aux yeux de l'Europe prévenue, le faux air de l'innocence persécutée, d'un paisible agneau injustement attaqué par un loup furieux, — elle, la provocatrice réelle, qui allait entrer en lutte armée jusqu'aux dents, et déployer dans cette guerre voulue, prévue et préparée par elle, une puissance de moyens jusque-là sans exemple !

———

La guerre éclate : — le peuple espion qui, grâce à une confiance imprudemment généreuse, a pu tout à loisir étudier les ressources tant publiques que particulières du peuple son hôte, rentre chez lui à l'appel du chef de cette vaste police secrète internationale, s'arme et revient, implacable ennemi, envahir ce pays qui, pendant des années, l'a nourri de son pain, enrichi de son industrie. Alors

on vit ce spectacle hideux de traîtres guidant les incendiaires et les
pillards vers ces mêmes villages, fermes, usines, maisons, établis-
sements, au foyer desquels ils étaient assis naguère encore, et dont
ils reconnaissent la trop confiante hospitalité en présidant au sac,
à l'incendie de ces villages ou de ces maisons, et parfois même à
l'assassinat de leurs habitants. Un corps d'armée envahit un jour la
gare de Creil, point central de tout un réseau de voies ferrées :
l'officier qui conduit la troupe dispose en un clin d'œil les divers
postes dans les différentes parties de la gare, avec une connaissance
parfaite des lieux. Il y a quelques semaines à peine, l'officier en
question occupait dans l'administration de cette même gare un des
principaux emplois. Un autre jeune Prussien se fait naturaliser
Français : comme de juste, on se hâte de le nommer conseiller
de préfecture à Melun ; — arrive l'invasion, le conseiller espion, subi-
tement disparu, reparaît un beau jour à Melun, mais avec avance-
ment, en uniforme de préfet ; depuis, il administre, à la plus grande
satisfaction de M. de Bismark, un département dont il a pu, comme
conseiller, connaître tout à son aise les hommes et les choses. Et,
ainsi partout : M. de Moltke venant chaque année en villégiature à
Saint-Germain, sous prétexte de santé, et comme si la beauté du lieu
eût captivé ce taciturne et froid géomètre, en réalité pour étudier les
lieux en stratégiste et préparer le plan du futur investissement de ce
Paris, dont il pouvait voir la banlieue de la terrasse du pavillon où
naquit Louis XIV ; — le baron S..., un opulent grand seigneur,
ayant des propriétés un peu partout, menant grand train, faisant
courir, et tant d'autres : espions encore. — M. de Bismark avait in-
sensiblement enveloppé la France entière de l'espionnage prussien
comme d'un filet, en attendant le jour où le sombre et rusé pêcheur
pût capturer sa proie.

Si, par un malheur à jamais lamentable, Paris venait à succomber
à son tour devant un assaut de vive force, la pauvre grande vaincue,
cette ville sans analogue, si largement hospitalière qu'elle est la capitale plutôt du monde que de la France, Paris ne serait-il pas exposé
à voir les 70,000 Allemands qu'il nourrissait, il y a quelques mois à
peine, et dont il nourrit encore en partie les femmes et les enfants,

présider au pillage de ces maisons, de ces magasins, de ces banques, de ces administrations, si bien connus d'eux, où ils étaient employés à divers titres, de préférence souvent à nos propres nationaux ? Le dédale souterrain de nos 125 lieues d'égouts, cette *Cloaca maxima* parisienne si peu connue et si étonnante pourtant, supérieure au fameux aqueduc de Tarquin, l'une des merveilles encore de la Rome actuelle, — n'a pas un détour que ne sachent par cœur nos ex-égoutiers allemands. Nos usines à gaz ont découvert, dit-on, que certains de leurs employés, ouvriers ou même simples manœuvres, étaient des officiers prussiens. Rapprochez ces usines à gaz et ces égouts, et il ne vous sera pas difficile d'imaginer des mines toutes préparées pour faire sauter Paris au besoin. Il est vrai que, depuis plusieurs mois déjà, le gaz nous fait défaut ; mais la préméditation n'en semble pas moins évidente, et le complot moins habilement ourdi.

Grande et cruelle leçon, dont nous ne profiterons guère, je le crains, grâce à notre légèreté, à notre facile oubli, répugnant à la rancune, et aussi à notre sociabilité native.

Eloquente leçon aussi pour les autres peuples européens ! Qu'ils songent que chaque Allemand qu'ils accueillent est ou peut devenir contre eux un espion redoutable, quand l'effrénée politique d'un Bismark jugera à propos de leur chercher noise, et cela arrivera pour tous un jour ou l'autre, car qui peut se dire à l'abri de ces querelles de Prussien ? Le tablier ou le bourgeron de ce garçon de brasserie, de ce domestique, de cet ouvrier, en apparence inoffensif, cache peut-être un ingénieur, un officier allemand, qui, pour espionner mieux à son aise, a quitté son uniforme pour se cacher sous la livrée d'un valet. Certes, c'est là encore un trait particulier à l'armée allemande, et qui jette un triste jour sur le caractère du peuple tout entier. Dans quelle autre armée d'Europe trouverait-on des officiers consentant à s'abaisser à ce rôle déshonorant, que le patriotisme lui-même est impuissant à excuser ? Cela dénote dans le caractère prussien-allemand : gens du peuple, grands seigneurs, officiers, une basse astuce, un excès de servilisme, qui répugneraient à la dignité et à la loyauté d'un simple soldat français.

Un tel peuple, courbé encore en partie sous le servage féodal, tout entier élevé à la dégradante école d'une discipline militaire inflexible, soumis, surtout en Prusse, au joug de fer de ces hobereaux qui le battent, le soufflettent, lui donnent la schlague ; — un tel peuple peut être, comme armée, et est en effet, par ses défauts mêmes, son obéissance passive, sa basse soumission, sa brutalité, sa rapacité, une fort redoutable machine de guerre ; mais, comme peuple, c'est un troupeau tout préparé pour le despotisme césarien. Aussi, obéissant à la logique des choses, les Allemands se préparent-ils à se donner un empereur, un César, un maître unique, qui puisse mieux les pressurer. Le moment est bien choisi, en effet, et l'exemple fort concluant et engageant au lendemain de Sédan ! Nos ennemis n'auront que ce qu'ils méritent, et ce sera là le commencement de notre vengeance.

—

L'Europe, étonnée, assiste, en plein XIXᵉ siècle, à un phénomène qu'elle ne croyait plus possible, à la réapparition du Barbare, animé de la même rage destructive que ses ancêtres d'il y a quinze siècles, mais plus fort qu'eux, plus redoutable, armé des engins les plus perfectionnés de la civilisation, ayant discipliné ses hordes et fait de la tactique militaire une mécanique savante. Grattez ce philosophe kantiste ou hégélien, ce linguiste, fût-il un Bopp ou un Pott ; cet historien, fût-ce un Gervinus ou un Mommsen, et vous retrouverez le Borusse, le Teuton, le Goth, le Cimbre ou le Vandale : sous des dehors civilisés, même violence d'instincts, même brutalité d'appétits, même exclusivisme, même étroitesse de patriotisme, de tribu ou de clan ; même basse envie de la supériorité ou de la richesse d'autrui ; même soif de pillage, de conquêtes ; même cruauté.

Ce sont ces philosophes et ces savants qui, plus arriérés peut-être et plus étroits dans leurs vues que le simple peuple, ont allumé chez lui ces ardentes et malsaines convoitises, ces rancunes et ces vengeances, et lui ont prêché cette sanglante croisade, cette guerre sans merci contre celle France qui, calomniant son propre génie, réservait le plus clair de son admiration pour ces écrivains étrangers !

Combien, en Allemagne, ont été rares les hommes, poëtes, philosophes, historiens, écrivains de toute sorte qui, sachant se mettre au-dessus de ces basses rancunes et de ces haines, osant rendre justice à la France et à son rôle dans le monde, — ont pu dire avec Gœthe :

« Je ne haïssais pas les Français... Comment pouvais-je, moi
» pour qui la civilisation et la barbarie sont des idées d'une impor-
» tance exclusive, concevoir de l'antipathie pour une nation qui
» compte parmi les plus cultivées de l'univers, et à qui je devais
« une si grande part de mon éducation personnelle?

Gœthe ajoute :

« En général, la haine nationale offre ce caractère particulier
» que vous la trouverez toujours plus intense et plus violente à
» mesure que vous descendrez l'échelle intellectuelle; mais il est
» un degré où elle disparaît complétement, où l'on domine en
» quelque sorte les nations, où l'on sympathise au bonheur ou à
» l'infortune du peuple voisin, comme si c'étaient des compa-
» triotes [1]. »

Evidemment, en disant cela, le grand poëte, qui savait s'élever à cette large et surhumaine impartialité, imitée depuis par Louis Bœrne et l'illustre historien Léopold Ranke (il est vrai que ni l'un ni l'autre n'étaient prussiens; ils le seraient aujourd'hui!) ne prévoyait pas les Gervinus, les Mommsen, les Dore et tant d'autres célébrités allemandes contemporaines qui poussent le haineux antagonisme de races jusqu'à se faire, après un demi-siècle de paix, l'écho passionné des gallophobes de 1813, Arndt, Stein, Jahn, Blücher.

« Brûlez Strasbourg, s'écriait en 1815 le féroce Gœrres : ne
» laissez subsister que la flèche de la cathédrale, pour éterniser la
» vengeance des peuples allemands! »

[1] *Entretiens de Gœthe et d'Eckermann*, trad. Chasles, 264-265.

Reconnaissez-vous le cri du Vandale? Il n'a pas tenu au bon vouloir d'un autre Vandale, Werder, que « la vengeance des peuples allemands ne fût complète : Strasbourg n'est qu'à moitié brûlé, et, s'il reste de la cathédrale autre chose que la flèche, les bombes allemandes, du moins, lui ont infligé pour trois millions de ruines. »

« Toute nation plus forte doit exterminer la nation plus faible. » — « La force prime le droit. »

Deux axiomes qu'acclameraient des Caraïbes, et qui, après dix-huit siècles de christianisme, viennent d'être posés, l'un par le premier historien de l'Allemagne, l'autre par son premier homme d'Etat. Toute la politique prussienne est là, et aussi toute la « civilisation » prussienne. Principes dignes de cette politique et de cette civilisation « de fer et de sang, » et qu'auraient réprouvés, comme trop barbares, les Germains de Tacite, dont le caractère n'était pas du moins sans quelque générosité.

Mais leurs fils se sont tant civilisés !

Arminius n'était qu'un grossier Barbare, comparé à M. de Bismark, lequel pourtant, qu'il le veuille ou non, est au fond plus barbare qu'Arminius, mais barbare portant paletot et bottes vernies, et posant des axiomes fort barbares, il est vrai.

Ces prétendus chrétiens continuent, plus ou moins consciemment, d'adorer les dieux de leurs ancêtres idolâtres, Thor et Odin, les sanguinaires divinités de la violence brutale et de la guerre. Ils ont ajouté à leur Panthéon Mercure, le dieu de la rapine et du vol.

C'est toujours la horde antique, toute la tribu convoquée par le *heerbann* (ban de guerre), marchant en armes et emmenant femmes et enfants dans des chariots. Il est vrai que, sur ce dernier point, la civilisation a sensiblement amélioré les choses : si des chariots suivent encore les armées allemandes pour recueillir le butin, ils sont le plus souvent remplacés par des wagons, beaucoup plus amples et plus rapides. Le pillage n'y perd rien, tout au contraire. Au lieu du lourd et lent chariot de leurs barbares ancêtres, qui pouvait à grand'peine contenir le butin pris sur quelques particuliers, aujourd'hui, grâce à la vapeur, les Germains civilisés peuvent emporter du même coup, et dans un seul train de chemin de fer, la dépouille d'un village, d'une ville! Osez nier encore le progrès, ô sceptiques, l'utilité de la civilisation!

Pour ce qui est des femmes et des enfants, la vieille coutume germaine subsiste également. Les environs de Paris, et il doit en être de même des autres localités envahies, fourmillent de familles allemandes qui, avec cet instinct toujours subsistant de hordes émigrantes, et ce sans-façon naïvement brutal et tout germain aussi de s'approprier ce qui ne vous appartient pas, se sont installées comme chez elles dans les maisons et villas abandonnées (et Dieu sait s'il y en a par ces temps cruels!) ou même, dit-on, ont chassé certains habitants pour prendre leur place, en vertu de l'axiome de M. de Bismark. Conformément au même axiome aussi, ces familles que nous envoie la « patriarcale Allemagne » comme spécimen de ses « mœurs pures, » ne se font pas faute de considérer comme leur propriété meubles, linge, argenterie, bijoux, ce qui leur tombe sous la main; d'emporter ces objets avec elles quand une alerte les force à changer de résidence, ou de les expédier à toute vapeur en Prusse, en Bavière ou en Saxe. Toute la banlieue de Paris, à plusieurs lieues à la ronde, est ainsi livrée en proie aux soldats allemands et à leurs vertueuses sœurs : ce qui échappe à la rapacité des premiers, est patriarcalement pillé par celles-ci. Le faible particulier que la « grande et chaste race allemande » professe pour nos pendules est déjà proverbial, et passera dans l'histoire à l'état de légende.

C'est à croire que la Prusse et ses vassaux n'ont connu jusqu'ici que les coucous en bois de la Forêt-Noire, et qu'ils ne nous font cette guerre féroce que pour se pourvoir d'horloges. Dieu merci, grâce à ce pillage organisé à la prussienne, avec le concours des deux sexes, la « savante Allemagne » n'en sera plus réduite au seul chant de son coucou mécanique pour savoir quelle heure il est.

On raconte même que, par un raffinement de rapacité dont sont seuls capables ces « naïfs rêveurs, » ils confisqueraient purement et simplement leurs denrées à des marchands français de certaines localités, puis installeraient sans façon au comptoir leurs blondes compagnes, qui revendraient à beaux bénéfices ces mêmes denrées au public et aux marchands dépouillés et évincés ! Il faut appartenir à la « grande et vertueuse Allemagne ; » il faut être, par mission divine, professeur de « civilisation, » pour s'aviser de pousser à ce degré de perfection le vol en partie double.

Ailleurs, les Prussiens, après avoir réquisitionné tous les blés et toutes les farines, se font meuniers, boulangers, et rationnent les populations affamées en leur revendant, sous forme de pain, les céréales qu'ils ont confisquées.

A Nancy, après avoir vidé à leur profit tous les greniers de la ville et des campagnes environnantes, ils font venir des blés d'Allemagne, puis, les blés venus, les font moudre, pétrir, cuire (pour eux seuls, cela va sans dire), et, qui mieux est, PAYER par les habitants ! Versailles vient, disent les journaux, de recevoir, à beaux deniers comptants (on ne saurait payer trop cher de tels enseignements) la même leçon « de civilisation. »

Un corps prussien est cantonné quelque part ; le besoin ou simplement le désir d'une certaine somme d'argent se fait-il sentir ? La recette est des plus aisées : un coup de fusil est tiré dans la nuit par un soldat allemand. « C'est un franc-tireur, » disent nos loyaux ennemis : coût mille francs extorqués à la caisse communale. Trois mille francs encore imposés à une autre commune voisine de Paris, pour la rupture d'un fil télégraphique, qui n'a jamais existé !

On sait avec quelle absence de vergogne les Allemands ont emprunté aux bandits grecs l'ingénieux et fructueux système des otages et des rançons. Le neveu d'un de nos amis, faisant fonctions de maire d'Argenteuil (le maire titulaire a été déporté en Allemagne, où il est mourant et peut-être mort), s'est vu menacé cinq ou six fois d'être fusillé, et a dû chaque fois payer rançon pour sauver sa vie.

Et combien de faits analogues nous seront plus tard révélés ?

A côté de ces candides psychologues, qui appliquent à l'art de rançonner et de voler d'aussi savants procédés, les héros de la haute pègre, les légendaires brigands des Calabres et des *Sierras* espagnoles ne sont que des naïfs barbares, qui n'entendent rien au pillage scientifique et **civilisé**. Aussi un publiciste allemand a-t-il pu récemment porter sur ses compatriotes ce jugement mémorable et impartial :

« Cette nation (la nation allemande) est la plus honnête, la plus
» probe, la plus civilisée et la plus esclave de la vérité, du monde
» entier. »

Que serait-ce, juste ciel! si elle n'était ni « honnête, » ni « probe, » ni « civilisée, » puisqu'étant tout cela, elle fait de telles choses ! J'aime fort aussi ce « la plus esclave de la vérité » dit de cette nation d'espions, gouvernée par un Bismark.

Autre portrait, — moins flatté, mais, je le crains, plus ressemblant, — des Prussiens par un Prussien :

« LE PRUSSIEN EST MÉCHANT PAR NATURE ; LA CIVILISATION LE
» RENDRA FÉROCE. »

Nous ne le voyons que trop !

Autre aveu dépouillé d'artifice :

« Le seul mal que nous rapporterons de cette guerre, si Dieu
» veut que nous en revenions, c'est que nous ne saurons plus dis-
» tinguer le tien du mien ; nous serons tous des VOLEURS fieffés....
» Quand nous n'aurons plus rien à voler, nous nous volerons entre
» nous. »

C'est un officier prussien qui écrit ces jolies choses, avec le calme d'une belle âme, à sa « chère petite mère. »

Qu'a-t-il fait, d'ailleurs, sinon obéir aux ordres de son chef supérieur, le « *prince de Waldeck*, » s'il vous plaît, qui lui a dit : « *Prenez et volez tout ce que vous pourrez : c'est le plus grand* » *service que vous puissiez me rendre.* »

Paroles à graver en lettres d'or sur le marbre ou le bronze.

— « Ci-joint, ajoute l'officier pillard, quelques faibles échantil-
» lons de mon savoir-faire, » faisant évidemment une délicate allusion à des bijoux, dentelles ou autres objets de toilette, envoyés par cet excellent fils à sa « chère petite mère, » à l'intention de laquelle il les a pieusement volés.

Ce prince commandant à ses subordonnés le vol et le pillage; ce fils parlant de ce ton à sa mère de ses rapines, et osant lui en offrir le produit; cette mère acceptant le fruit des vols de son fils : — toute la « vertueuse Allemagne » est là.

Certes, toute armée a ses irréguliers et ses violents, qui trop souvent commettent de condamnables excès ; mais ces excès sont individuels, et dus à l'inévitable licence de soldats isolés, et n'entachent pas l'honneur du drapeau, encore moins celui de la nation. Il en est autrement dans les armées allemandes, si automatiquement organisées. Quand elles pillent, incendient ou fusillent, elles le font par ordre supérieur, méthodiquement, systématiquement, « scientifiquement; » cela fait partie de leur discipline. Ici, tout est prévu, rien n'est abandonné à l'initiative du soldat. A côté des corps de la cavalerie, de l'artillerie, de l'intendance, il y a le corps tout aussi régulier des « badigeonneurs, » chargés d'enduire d'huile de pétrole les murs de la chaumière et du château, et d'y mettre le feu, à moins que, le pistolet sur la gorge, on ne condamne les malheureux habitants à incendier eux-mêmes leur propre demeure, raffinement de barbarie dont il n'y a que trop d'exemples.

Nous savons un propriétaire dont la maison a été partiellement brûlée jusqu'à *huit* fois! Chaque fois qu'un nouveau corps prussien y passe, les « badigeonneurs » y mettent le feu ; cela est, paraît-il, « réglementaire. » Réglementaire également le pillage partiel de ladite maison par chaque corps de passage, généraux en tête, sans parler des réquisitions, aussi ruineuses qu'incessantes.

En outre du corps des badigeonneurs, incendiaires patentés, les armées allemandes ont aussi le corps des « voleurs de vaches, » dont la mission est d'aller de ferme en ferme réquisitionner le bétail. (L'un d'eux, racontant ses exploits à quelqu'un de notre connaissance, dans l'intervalle d'une trève, ne pouvait s'empêcher de rougir de honte, tout Prussien qu'il était, en narrant notamment certain épisode d'une pauvre femme à laquelle, malgré ses supplications et ses larmes, il dut — l'impitoyable discipline prussienne ne connaît ni cœur ni entrailles — enlever son unique vache, et qui, privée de son gagne-pain, de sa nourrice, est sans doute depuis morte de chagrin et de misère! Et que de drames inconnus de ce genre confondus dans l'immense drame général!)

Ne semble-t-il pas qu'on rêve, et vit-on jamais pareil brigandage
à main armée, organisé sur une aussi vaste échelle, avec cette
méthode inexorable, cette fureur à froid, cette brutalité systéma-
tisée, cette barbarie savante !

Comment ne pas dire un mot aussi d'un autre côté, le plus dou-
loureux peut-être de ce lamentable sujet?

Contraste étrange : pendant que la mortalité est effrayante chez
nos blessés français, elle sévit beaucoup moins sur les blessés
allemands. Dans une salle du Val-de-Grâce, hélas! trop souvent
visitée, nous avons pu, de nos yeux, constater ce fait singulier :
trois blessés allemands, dont un Saxon et deux Bavarois, guéris-
saient en peu de temps de blessures graves, au milieu des morts
ou des mourants français. « Les Prussiens guérissent tous, tandis
» que presque tous nos pauvres soldats meurent, » nous disait, les
larmes aux yeux, l'une des excellentes sœurs de Saint-Vincent-de-
Paul ; — ce qui n'empêchait pas l'angélique créature de prodiguer
à « ces Prussiens » les mêmes soins, une sollicitude plus empressée
peut-être encore qu'à ses compatriotes : les premiers n'étaient-ils
pas pour elle des frères aussi, même plus chrétiennement chers, au
double titre d'ennemis et d'étrangers?

Toujours est-il qu'à cette différence de mortalité il y a une
cause. Où la trouver? Faut-il la demander à ce rapport d'un savant
médecin, que je lisais l'autre jour, et duquel il résulterait que les
éléments composant la cartouche allemande produiraient, par suite
de la conflagration de la poudre, des sels vénéneux, un poison
subtil qui, s'insinuant dans la circulation du sang, rendrait toute
blessure mortelle, si l'extraction de la balle était trop différée?

Si les conclusions de l'analyse du savant chimiste étaient exactes,
si surtout les effets toxiques qu'il décrit étaient prévus et prémédi-
tés par nos ennemis, calculateurs si méthodiques en tout, — la
pensée serait épouvantée d'une telle monstruosité. Pour l'honneur
de l'humanité, nous préférons ne pas y croire. Les armées allemandes et leurs chefs n'ont déjà que trop de méfaits à leur dossier.
Celui-ci y mettrait le comble.

Et c'est ce peuple d'espions, de pillards, d'incendiaires, de fusil-

leurs, de bombardeurs de femmes et d'enfants, qui se proclame
l' « envoyé de Dieu, » qui se vante pieusement d'être appelé par la
Providence pour nous punir, nous châtier de nos « vices, » de notre
« corruption, » de notre « barbarie ; » pour nous apporter la « civilisation, » — la civilisation de l'espionnage, de l'hypocrisie, du vol,
de l'incendie, de la fusillade ; la civilisation prussienne, à la Bismark, ayant pour première loi ce principe emprunté au code des
sauvages : « La force prime le droit ! »

En vérité, ce serait à rire, si nous n'avions tant à pleurer !

L. D.

(Extrait de la *Revue de Bretagne et de Vendée*, n⁰ de mars 1871.)

NANTES, IMPR. VINCENT FOREST ET ÉMILE GRIMAUD, PLACE DU COMMERCE, 4.

www.ingramcontent.com/pod-product-compliance
Lightning Source LLC
Chambersburg PA
CBHW051412060726
47596CB00005B/2189